Bibliografische Information Der Deutschen Bibliothek

Die Deutsche Bibliothek verzeichnet diese Publikation in der Deutschen Nationalbibliografie; detaillierte bibliografische Daten sind im Internet über http://dnb.ddb.de abrufbar.

verlags gruppe engagement

Das Gesamtprogramm von Butzon & Bercker finden Sie im Internet unter www.bube.de

ISBN-13: 978-3-7666-0795-9
ISBN-10: 3-7666-0795-2

Umschlaggestaltung: Astrid Leson, Münster
Satz und Layout: Sabrina Beichel, Krefeld

Reinhard Abeln / Barbara Cratzius

Advent und Weihnachten

mit Kindern erlebt

Butzon & Bercker

Inhalt

Sankt Martin – Helfer in der Not

Lieber Bischof Nikolaus ...

Jesus kommt auf die Welt

Sterndeuter aus dem Osten

Sankt Martin – Helfer in der Not

Wissenswertes:

„Unser Sohn soll Martin heißen“

Vor vielen, vielen Jahren wurde Martin in Sabaria, einer kleinen Stadt im heutigen Ungarn, geboren. Das war um das Jahr 316 nach Christi Geburt. Sein Vater war ein römischer Hauptmann. Er trug ein scharfes Schwert, eine glänzende Rüstung und einen geschmückten Helm. Viele Soldaten mussten ihm gehorchen.

Oft ritt der Vater fort, um zu kämpfen. Dann kam er lange Zeit nicht nach Hause. „Unser Sohn soll Martin heißen“, hatte der Vater gesagt. „Nach dem Kriegsgott Mars wollen wir ihn nennen. Er soll ein tüchtiger Krieger werden.“

Als Martin größer wurde, spielte er oft mit den anderen Kindern draußen auf den Wiesen und Feldern. Aber wenn die Jungen ihre Holzschwerter holten, legte er sich still ins hohe Gras. Er ließ die Käfer über seine Hand krabbeln und freute sich an dem Summen der Bienen, an dem Flattern der bunten Schmetterlinge und an dem Singen der Vögel. Oder Martin entdeckte lauschende Hasenohren im Klee.

Eines Tages nahm ihn ein Freund mit in ein kleines Haus am Stadtrand. Dort saßen viele Menschen ganz eng beieinander. Martin hörte, dass diese Menschen sich Christen nannten. Sie glaubten an Jesus Christus.

„Der ist mächtiger als der Kaiser!“, sagte Martins Freund. „Er hilft den Menschen, ein neues Leben zu führen. Schau mal, die Leute teilen alles miteinander. Sie gehen zu den Armen und Kranken und helfen ihnen. Sie wollen Frieden schaffen in der Welt.“

Martin erzählte alles seiner Mutter. Aber die Mutter sagte: „Sprich nicht mit Vater darüber. Er will doch, dass du ein Krieger wirst!“

Legende:

Martin und der Bettler

Der Winter war über Frankreich hereingebrochen. Eis und Schnee bedeckten das Land. Martin ritt mit seinen Soldaten auf das Stadttor von Amiens zu. Sie waren froh, dass sie sich bald im Gasthof wärmen konnten. Am Stadttor standen die Wächter. Sie schlangen die Arme um den Körper und stampften mit den Füßen, so kalt war es.

Da sah Martin einen Bettler, der am Weg hockte. „Reitet voraus!", rief er seinen Soldaten zu. Dem Bettler hingen nur ein paar Lumpen am Körper, er hatte keine richtigen Schuhe an, Brust und Arme waren nackt. Er sah halb verhungert aus.

Martin griff in seine Tasche. Er besaß nur noch ein paar Münzen. Die reichten gerade für ein Abendessen. Da zog er sein Schwert und teilte seinen roten Mantel mitten durch. Die eine Hälfte legte er dem Bettler um. Dann drückte er ihm die Münzen in die kalten Hände. „Lass dir eine warme Mahlzeit geben", sagte Martin, griff die Zügel seines Pferdes und ritt durch das Stadttor seinen Soldaten nach.

In der Nacht lag Martin auf seinem harten Feldlager. Im Traum sah er Christus vor sich, gehüllt in die Hälfte seines roten Mantels. Ein heller Lichtschein umgab ihn; Engel standen an seiner Seite.

Martin hörte eine Stimme: „Was du für diesen armen Menschen getan hast, hast du für mich getan, für deinen Herrn Jesus Christus. Du sollst ganz zu mir gehören. Geh und lass dich taufen!" Und Martin ließ sich taufen. Viele Christen waren dabei. Sie freuten sich, dass der fremde Ritter nun ganz zu ihnen gehörte.

Legende:

Martin gibt sein Schwert zurück

Kaiser Julian wollte gegen die Germanen kämpfen. Dafür brauchte er zuverlässige und tapfere Soldaten. Er ließ Martin zu sich rufen. „Morgen ziehst du mit mir in den Kampf. Unsere Feinde haben ein großes Heer“, sagte der Kaiser zu Martin. Dann hielt er ihm einen Beutel mit Goldmünzen hin.

Aber Martin nahm das Gold nicht an. Er zog sein Schwert aus dem Gürtel und reichte es dem Kaiser. „Ich kann nicht mehr für dich kämpfen“, sagte Martin. „Ich diene nun einem anderen, größeren Herrn. Ich will für Christus kämpfen!“

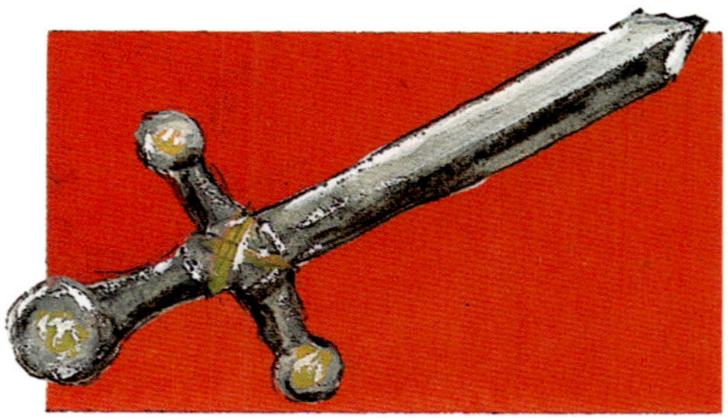

Da wurde der Kaiser sehr zornig. „Du bist feige!“, schrie er. „Du willst dich vor dem Kampf drücken!“

„Nein“, sagte Martin. „Ich will ohne Schwert im Namen meines Gottes in der vordersten Reihe stehen. Und Gott wird mit mir sein.“

„In den Kerker mit dir!“, schrie der Kaiser zornig. In diesem Moment wurde ihm ein Bote der Germanen gemeldet. Er richtete aus, dass sich die Germanen freiwillig und ohne Kampf unterwerfen wollten.

Nun erlaubte der Kaiser, dass Martin aus dem Heer ausschied. Martin war ganz frei für Gott.

Bastelarbeit:

Eine Laterne für das Martinsfest

Das wird gebraucht:

- Pergament- oder Architektenpapier
- schwarzes Tonpapier
- buntes Transparentpapier
- 1 Käseschachtel (ca. 16 cm)
- Plakafarbe
- Teelicht
- Blumendraht
- Bleistift
- Schere
- Klebstoff

So wird es gemacht:

Einen Streifen Pergament- oder Architektenpapier (52 x 25 cm) zurechtschneiden. Die Silhouette des Sankt Martin auf das Tonpapier aufmalen und ausschneiden. Mond und Sterne auf das Transparentpapier aufmalen und ausschneiden. Alles auf dem Pergamentpapier anordnen und aufkleben. Boden und Deckel der Käseschachtel mit Plakafarbe anmalen. Das Teelicht auf den Boden der Käseschachtel kleben. Das Pergamentpapier zu einer Röhre drehen und in den Boden und Deckel der Käseschachtel kleben. Zwei gegenüberliegende Löcher in den Deckel der Käseschachtel stechen und den Blumendraht befestigen. In der Mitte des Drahtes eine kleine Schlaufe drehen. Hier wird später der Laternenstock befestigt.

Alternative: Statt mit Mond und Sternen kann die Laterne auch mit gepressten bunten Herbstblättern geschmückt werden, Sankt Martin reitet dazwischen entlang.

Legende:
Martin und die Räuber

Martin ging zum Bischof Hilarius nach Poitiers in Frankreich und wurde sein Schüler. Er lernte immer mehr über die frohe Botschaft von Jesus Christus.

Martin wollte, dass auch seine Eltern zu Christus gehören sollten. Darum ritt er den weiten Weg von Frankreich über die Alpen zurück nach Ungarn.

Auf den verschneiten Pfaden verirrte er sich. Plötzlich hörte er Stimmen. Wilde Räuber überfielen ihn und raubten ihn aus. Sie schleppten Martin in eine Höhle und fesselten ihn. Der Anführer der Räuberbande wunderte sich, dass der Gefangene keine Angst zeigte.

„Ich fühle, dass Gott mich schützt", sagte Martin. „Ich bin Christ."
„Was ist das – ein Christ?", fragten die Räuber. Da erzählte ihnen Martin von der frohen Botschaft: „Christus hilft den Armen und Schwachen. Er liebt alle Menschen – auch euch, die ihr Böses tut!"
„Du bist frei", sagte der Anführer. „Geh zurück zu deinen Eltern und bete für uns!" So erreichte Martin unverletzt seine Heimatstadt. Seine Mutter ließ sich taufen. Aber der Vater wollte nichts von Jesus Christus hören.

Legende:
Martin im Gänsestall

Martin zog wieder zurück nach Frankreich. Er baute sich eine einfache Hütte und lebte dort ganz für sich allein, als Einsiedler. Er betete in der Stille für alle Menschen auf der Erde und dachte über die Worte der Heiligen Schrift nach.

Im Laufe der Zeit aber kamen immer mehr Männer zu ihm, die mit Martin zusammen ein einfaches Leben führen wollten. Sie lasen gemeinsam in der Bibel und halfen Armen und Kranken.

Allmählich wurde überall in den Dörfern und Städten bekannt, dass Martin Menschen und Tiere liebte. Als der Bischof von Tours starb, drängten die Menschen die anderen Bischöfe, Martin zum neuen Bischof zu wählen. Aber Martin saß lieber auf einem kleinen harten Hocker als auf einem prächtigen Bischofsstuhl. Er wollte ein bescheidenes Leben für Gott führen.

Eines Tages war Martin auf dem Weg zu einem Kranken in einem kleinen Dorf. Da kam eine große Schar Menschen auf ihn zu. Sie hoben die Arme und riefen: „Martin! Martin! Du sollst unser neuer Bischof sein. Nur du allein bist würdig und gerecht und von Gott ausersehen!“

Aber Martin bekam Angst. Also floh er vor den Menschen und versteckte sich schnell in einem leeren Gänsestall. Alle suchten vergebens nach ihm.

Am Abend wurden die Gänse von der Weide zurückgetrieben. Als sie in ihren Stall kamen, schnatterten sie aufgeregt, denn da saß ja ein Fremder. Die Menschen gingen dem Lärm nach und entdeckten den Mönch. Feierlich geleiteten sie ihn nun in die Stadt. Alle Glocken läuteten, als Martin zum Bischof gewählt wurde.

Rezept:

Leckere Martinsgänse

Das wird gebraucht:

- 500 g Mehl
- 1 gestrichener Teelöffel Backpulver
- 250 g Butter oder Margarine
- 100 g Zucker
- 2 Eier
- 2 Eigelb
- 1 Päckchen Vanillezucker
- Rosinen
- 1 Eigelb zum Bestreichen

So wird es gemacht:

Das Mehl und das Backpulver in eine Schüssel sieben. Die Butter in kleinen Stückchen sowie die restlichen Zutaten dazugeben und alles gut verkneten. Den Teig in Folie einschlagen, eine Stunde im Kühlschrank ruhen lassen und dann auf einer bemehlten Fläche ausrollen. Die Martinsgänse mit einer Form ausstechen oder mit Hilfe einer Pappschablone ausschneiden und je eine Rosine als Auge in den Teig drücken. Die Gänse auf ein mit Backpapier ausgelegtes Backblech legen, mit dem verquirlten Eigelb bestreichen und bei 180 Grad in etwa 15 Minuten goldbraun backen.

Legende und Lied:

Lichter für Sankt Martin

Als Martin etwa achtzig Jahre alt war, fühlte er, dass er sterben musste. Seine Freunde wollten ihn in ein weiches Bett legen. Aber er ruhte lieber auf einem harten Sack und betete. Sein Gesicht leuchtete, als er starb. Das geschah am 8. November im Jahre 397 in dem Ort Candes. In der nahe gelegenen Stadt Tours wurde Martin begraben. Über seinem Grab wurde später ein großer Dom gebaut, den viele Menschen besuchten.

Martin sagte einmal: „Ich möchte ein Licht sein, das allen leuchtet." So zünden wir in jedem Jahr am 11. November, dem Tag, an dem Martin begraben wurde, die Lichter in unseren Laternen an. Wir ziehen singend durch die dunklen Straßen: zu Ehren des Sankt Martin, eines großen, mutigen Heiligen.

Lichter, leuchtet weit

Laterne, Laterne,
Sonne, Mond und Sterne.
Lichter, leuchtet weit,
Lichter, leuchtet weit,
hei, so schön ist die Laternenzeit!

Laterne, Laterne,
Sonne, Mond und Sterne.
Seht den Lichtertanz,
seht den Lichtertanz,
der ist heller als der Sternenglanz.

Laterne, Laterne,
Sonne, Mond und Sterne.
Seht den bunten Schein,
seht den bunten Schein.
Alle Kinder laufen hinterdrein.

Laterne, Laterne,
Sonne, Mond und Sterne.
Löscht das Licht nun aus,
löscht das Licht nun aus,
denn wir gehen alle froh nach Haus.

(nach der Melodie des Liedes „Laterne, Laterne")

Lieber Bischof Nikolaus ...

Wissenswertes:

Der heilige Nikolaus von Myra

Der 6. Dezember ist der Festtag des heiligen Nikolaus. Er wird verehrt als Schutzpatron der Kinder, der Schüler und der Seeleute. Nikolaus lebte im 4. Jahrhundert in der Hafenstadt Myra. Das liegt in der heutigen Türkei. Zahlreiche Legenden erzählen vom Leben des Heiligen.

Seine Eltern waren fromme und wohlhabende Leute. Sie schickten Nikolaus auf eine gute Schule und später weihte ihn sein Onkel zum Priester. Nikolaus lebte im Glauben an Gott und Christus.

Nach dem Tod seiner Eltern erbte Nikolaus ein großes Vermögen. Dies verteilte er an Menschen in Not, er selber blieb bescheiden im Hintergrund.

Dann starb der Bischof der Stadt Myra. Die Bischöfe des Landes versammelten sich, um einen neuen zu wählen. Einer von ihnen hörte in der Nacht die Stimme Gottes: „Geh in der Früh an die Kirchentür! Der erste Mensch, der kommt und die Kirche betritt, soll der neue Bischof sein."

Als Nikolaus früh am Morgen in die Kirche kam, fragte man ihn: „Wie heißt du?" Der junge Mann antwortete: „Nikolaus." Da wurde er noch am selben Tag zum Bischof geweiht.

Nikolaus wurde ein gütiger und vorbildlicher Diener Gottes. Er war ein Freund aller Menschen, der viel Gutes tat. Zur Erinnerung an den großen Heiligen kommt am 6. Dezember ein verkleideter Nikolaus in die Familien und beschenkt die Kinder.

Nikolausspiel:

Das Kornwunder

Einst herrschte in der Stadt Myra eine große Hungersnot. Wie Nikolaus den Menschen auf wunderbare Weise half, davon erzählt das kleine Theaterspiel:

Eine Mutter: Wir bitten dich, Sankt Nikolaus, uns fehlt das Korn in jedem Haus.
Ein Kind: O Bischof, wir Kinder leiden Not, wir haben seit Tagen nicht Mehl noch Brot.
Ein Vater: Die Sonne sengt das dürre Land, o Bischof, hilf mit guter Hand.
Nikolaus: So betet, wie Gott es uns gebot, er wird uns helfen, er sieht unsre Not.
Eine Mutter: O seht, ein Schiff fährt zu uns herein, bald werden wir alle gerettet sein.
Ein Vater: Nikolaus, sieh, das Schiff stößt an Land. Mit Korn ist's gefüllt bis zum höchsten Rand.

Alle: Schiffer, sieh uns arme Menschen, ach, wir hungern sehr. Gebt uns ab von eurem Weizen, macht die Säcke leer!
Kapitän: Hört, wir stehn im Dienst des Kaisers und wir fürchten seinen Zorn. Hart wird unser Herr uns strafen, fehlt uns nur ein Korn.
Nikolaus: Ihr Schiffer, wir bitten in unsrer Not, die Kinder von Myra schreien nach Brot. Ihr Schiffer, fahrt nicht wieder fort, vertraut und glaubt doch meinem Wort. So helft und teilt den Weizen aus, mit gleicher Ladung fahrt ihr nach Haus. Ihr dürft die Säcke wiegen und zählen, es wird kein einziges Korn euch fehlen.
Kapitän: Auf dein Wort laden die Säcke wir aus, Gott steh uns bei, Sankt Nikolaus.
Eine Mutter: Sie bringen den Weizen, das Schiff wird nicht leer. Gott schickte gnädig uns Rettung her.
Ein Kind: Nikolaus, Sankt Nikolaus, du hilfst den Menschen in jedem Haus.
Ein Vater: Du lehrst uns zu helfen und zu heilen, zu schenken und mit anderen zu teilen.
Alle: So komm noch heut in unser Haus, wir danken dir, Sankt Nikolaus.

Lied:

Niklaus, Niklaus, guter Mann

Niklaus, spann den Esel an,
der den Schlitten ziehen kann.
Mit den Säcken, groß und schwer,
trabt der Esel zu uns her.

Niklaus, du bist lieb und gut,
halfst den Schiffern in der Flut,
gabst den Menschen Korn und Brot
in der großen Hungersnot.

Und so kommst du jedes Jahr,
reichst uns deine Gaben dar.
Siehst du unser helles Licht?
Niklaus, ach vergiss uns nicht!

Legende:

Nikolaus hilft den Seeleuten in Not

Zu der Zeit, als Nikolaus Bischof von Myra war, segelte ein reich beladenes Schiff über das Mittelmeer.

Plötzlich kam ein gewaltiger Sturm auf. Die Masten brachen und die Segel wurden zerfetzt. Die Wellen schlugen so hoch über den Bootsrand, dass bald das ganze Schiff voll Wasser stand. In ihrer Not riefen die Seeleute Sankt Nikolaus um Hilfe an.

Da sahen sie plötzlich einen unbekannten Mann mit wehendem Mantel auf dem Schiff. Er half, Segel und Masten zu richten. Dann ergriff er mit ruhiger Hand das Steuerrad und lenkte das Schiff sicher in den nahenden Hafen.

Die Seeleute sprangen voll Freude ans Ufer. Sie wollten sogleich in die Kirche gehen, um Gott für die wunderbare Rettung zu danken. Wie staunten sie, als sie auf dem Bischofssitz den Mann erkannten, der ihnen in der Not geholfen hatte: Es war Nikolaus.

Da fielen sie vor dem Bischof auf die Knie. Nikolaus aber sagte: „Erinnert euch an die Geschichte von Jesus Christus, dem einst auf dem See Genezareth die Stürme gehorchten. Vertraut weiterhin auf ihn, so wird euch nichts geschehen.“ Dann segnete er sie. Die Seeleute aber machten Nikolaus zu ihrem Schutzpatron, und das ist er bis zum heutigen Tag.

Bastelarbeit:

Ein Stiefel für den Nikolaus

In vielen Familien finden sich zu klein gewordene Gummistiefel. Es macht den Kindern viel Spaß, einen neuen Nikolausstiefel daraus zu gestalten.

Das wird gebraucht:

- 1 alter Kindergummistiefel
- Lackspray (rot oder silberfarbig)
- Gold- und Silberfolie
- Geschenkbänder
- selbst gebastelter Weihnachtsschmuck (Sterne, kleine Päckchen)
- Nüsse, Watte, Klebstoff

So wird es gemacht:

Mit Hilfe eines Erwachsenen wird der Stiefel mit Lackfarbe besprüht. Nach dem Trocknen den oberen Stiefelrand mit der Watte bekleben. Den Weihnachtsschmuck und die Nüsse auf die Geschenkbänder kleben und damit den Stiefel dekorieren.

Wir sollten den Kindern viel Spielraum geben, den Nikolausstiefel phantasievoll zu verzieren. Am Vorabend des Nikolaustages wird er vor die Tür gestellt.

Legende:

Der gute Nikolaus hilft den armen Menschen

In Myra lebte ein reicher Kaufmann. Eines Tages starb seine Frau und er blieb mit seinen drei Töchtern allein zurück. Vor Trauer konnte er nicht mehr arbeiten. Beim Glücksspiel verlor er sein ganzes Geld und machte viele Schulden. „Nun kann ich meinen Kindern keine Aussteuer mehr kaufen. Und ein armes Mädchen wird keiner heiraten wollen!“, dachte er voller Verzweiflung.

Bischof Nikolaus hörte von dem Unglück des Mannes. Er wollte ihm helfen, doch dabei nicht erkannt werden. Als es dunkel wurde,

band er drei Klumpen Gold zusammen und schlich zum Haus des Kaufmannes. Alle Türen waren verschlossen. Da öffnete er vorsichtig ein Fenster und warf das Bündel mit dem Gold in das Zimmer der Mädchen. Leise wollte er davongehen.

Doch der Kaufmann lief dem gütigen Spender nach und warf sich Nikolaus zu Füßen. „Habt Dank!“, rief er. „Ihr habt mir in großer Not geholfen.“

Der Bischof aber antwortete: „Danke nicht mir, sondern Gott und führe fortan ein besseres Leben.“

Das tat der Kaufmann. Er konnte seine Schulden bezahlen und seine Töchter feierten schon bald fröhlich Hochzeit.

Rezept:
Wir backen einen Nikolaus

Das wird gebraucht:

Für den Teig:
100 g Zucker, 200 g Butter, 300 g Mehl, 1 Prise Salz, 1 Ei, 1 Teelöffel Backpulver

Für die Verzierung:
200 g Puderzucker, 2 Eiweiß, Zuckerröschen, Smarties, Liebesperlen, Pistazien, bunte Zuckerstreusel, Lakritzstangen, Zuckerschriftfarben, Lebensmittelfarben

So wird es gemacht:

Zutaten mischen und zu einem Teig verarbeiten, mindestens eine Stunde im Kühlschrank kalt stellen, dann den Teig ausrollen. Mit einer Ausstechform oder einer Schablone aus Pappe die Form eines Nikolauses ausstechen. Den Teig auf ein gefettetes Backblech legen und im vorgeheizten Backofen ca. 10–12 Minuten bei 180 Grad backen, anschließend abkühlen lassen.
Puderzucker mit dem geschlagenen Eiweiß verrühren, in drei Portionen aufteilen, eine Portion mit einigen Tropfen Lebensmittelfarbe rot färben.
Mantel und Mütze mit rotem Zuckerguss bestreichen. Stiefel, Sack und Handschuhe braun anmalen; den Bart und den Pelz mit weißem Zuckerguss gestalten. Die Nikolausfigur phantasievoll mit den Süßigkeiten und den Zuckerschriftfarben schmücken. Wenn ihr kleine Nikolausformen habt, könnt ihr auch mehrere Nikoläuse backen.

MEHL

Legende:

Wie Nikolaus die Kinder von Myra rettete

Als Nikolaus Bischof von Myra war, herrschte in der Stadt eine große Hungersnot. Der heiße Sommer hatte das Getreide auf den Feldern verbrannt, so dass die Bauern nicht ernten und die Bäcker kein Brot backen konnten. Die Menschen litten große Not. Nur die Hoffung, dass mit Korn beladene Schiffe zu ihnen unterwegs waren, ließ sie den Hunger ertragen. Jeden Tag beteten die Menschen mit Bischof Nikolaus zu Gott und baten um Rettung.

Und wirklich: Nach einiger Zeit tauchten Kornschiffe am Horizont auf. Aber eine Kette von Seeräuberbooten versperrte den Schiffen den Weg. Die Seeräuber schrien: „Füllt unsre Boote mit Gold! Sonst lassen wir die Kornschiffe nicht in den Hafen!“

Entsetzt liefen die Menschen in ihre Häuser und holten Goldmünzen und Schmuck herbei. Doch reichten die Schätze bei weitem nicht, um die Boote zu füllen. „Das ist alles?“, schrien die Seeräuber. „Wenn ihr mehr nicht habt, dann gebt uns eure Kinder. Wir werden sie als Sklaven verkaufen, dafür kriegen wir gutes Geld auf dem Markt!“

Die Mütter weinten und jammerten. Aber einige Bürger riefen: „Opfert die Kinder! Sonst müssen wir alle verhungern.“ Gerade als die Räuber die Kinder ergreifen wollten, erscholl die Stimme von Bischof Nikolaus: „Lasst sie frei! Ich bringe euch alle Schätze aus der Kirche!“ Und schon trugen die Diakone glitzernde Leuchter, kostbare Kreuze und goldene Figuren herbei.

Da füllten sich die Boote der Seeräuber und sie gaben den Weg frei. So wurden die Stadt Myra und alle Kinder gerettet.

Jesus kommt auf die Welt

Aus der Bibel:
Der Engel Gabriel kommt zu Maria

Eines Tages sandte Gott den Engel Gabriel zu Maria. Maria war eine junge Frau in Nazaret, einer kleinen Stadt in Galiläa. Sie war schon früh verlobt. Ihr Verlobter hieß Josef; er war Zimmermann.

Der Engel trat bei Maria ein und begrüßte sie. Er sprach: „Sei gegrüßt, Maria, und freue dich. Denn Gott ist mit dir!"

Maria erschrak sehr, als sie den Engel sah und hörte, was er sagte.

Sie verstand nicht, was er meinte, und dachte im Stillen: „Was hat dies wohl zu bedeuten?"

Der Engel sprach weiter: „Fürchte dich nicht, Maria! Gott hat dich auserwählt. Du sollst einen Sohn bekommen und ihm den Namen Jesus geben. Die Menschen werden auf ihn hören, wenn er zu ihnen spricht. Er wird ein König sein und sein Reich wird kein Ende haben."

Lukasevangelium 1,26–33

Aus der Bibel:
Maria freut sich sehr

Maria war sehr verwundert über die Worte des Engels. Sie fragte: „Wie soll das geschehen, dass ich einen Sohn bekomme? Ich habe doch noch keinen Mann!“

Da antwortete der Engel: „Gottes Heiliger Geist wird über dich kommen. Gottes Kraft wird alles in dir bewirken. Darum wird man dein Kind auch den Sohn Gottes nennen.“

Maria hörte still auf das, was der Engel weiter zu ihr sprach:

„Schau, auch Elisabet, deine Verwandte, erwartet ein Kind. Dabei dachten alle, dass sie keine Kinder bekommen kann. Glaub mir, für Gott ist nichts unmöglich!“

Da sagte Maria zu dem Engel: „Ja, ich bin zu allem bereit, was Gott mit mir vorhat. Es soll so geschehen, wie du gesagt hast!“

Darauf verließ sie der Engel. Und Maria freute sich auf das Kind, das sie bekommen sollte. Sie wusste: Es ist Gottes Sohn.

Lukasevangelium 1,34–38

Rezept:

Bratäpfel mit Vanillesoße

Das wird gebraucht:

- 4 große Äpfel
- 1 Teelöffel Butter
- 4 Teelöffel Marmelade
- 8 Stück Würfelzucker
- 2 Esslöffel Mandelsplitter
- 1 Esslöffel Rosinen
- 1 Päckchen Vanillesoße
- 1/2 Liter Milch
- 2 Esslöffel Zucker

So wird es gemacht:

Die Äpfel waschen und von oben das Kerngehäuse herausschneiden. In jeden Apfel ein Stück Würfelzucker, etwas Marmelade und Rosinen stecken. Als „Verschluss“ ein Stück Würfelzucker oben draufsetzen. Die gefüllten Äpfel in eine gefettete, feuerfeste Form legen und 45 Minuten backen.
Während die Äpfel backen, die Vanillesoße anrühren. Die fertigen Äpfel mit der Soße übergießen und die Mandelsplitter darüber streuen.

Aus der Bibel:
Maria besucht Elisabet

Nach dem Gespräch mit dem Engel Gabriel machte sich Maria schnell auf den Weg und ging zu Elisabet. Elisabet war nun schon im sechsten Monat schwanger.

Elisabet freute sich sehr, als sie Maria kommen sah. Sie begrüßte sie und sagte: „Gott hat dich gesegnet, Maria! Und auch dein Kind wird gesegnet sein!“

Darauf sagte Maria: „Ich freue mich über Gott. Er ist so groß und mächtig! Und weil er mich liebt, hat er mich so reich beschenkt, obwohl ich doch nur eine einfache junge Frau bin!“

Maria blieb etwa drei Monate bei Elisabet. Dann kehrte sie wieder nach Hause zurück.

Lukasevangelium 1,39–56

Lustige Adventsspiele:
Wer wird Rätselkönig?

Dieses Adventsrätsel muss ein Spieler vorbereiten. Er schreibt auf einen Zettel eine Reihe von Fragen, die mit der Adventszeit zusammenhängen. Zum Beispiel: „Vor wie langer Zeit wurde Jesus geboren?“ oder: „Wann ist Winteranfang?“ Natürlich notiert er sich auch die Antworten.

Der Spieler setzt sich dann mit allen, die bei dem Rätsel mitmachen wollen, an einen Tisch. Langsam liest er die Fragen vor. Wer als Erster die richtige Antwort weiß, bekommt eine Nuss.

Rätselkönig ist der Spieler, der am Schluss die meisten Nüsse gewonnen hat.

Springende Nüsse

Wir legen mit einem Wollfaden einen Kreis von ungefähr 20 Zentimetern Durchmesser auf den Boden. Diesen Kreis füllen wir anschließend dicht mit Walnüssen auf.

Jeder Mitspieler bekommt außerdem fünf Walnüsse in die Hand. Die Spieler lassen nun reihum eine Nuss aus etwa einem Meter Höhe auf die Nüsse in dem Kreis fallen.

Jeder Spieler sammelt nach seinem Wurf die Nüsse auf, die aus dem Kreis gesprungen sind. Er darf sie behalten.

Sieger ist der Spieler, der zum Schluss die meisten Walnüsse gesammelt hat.

Vor dem Spiel wird festgelegt, wie viele Runden gespielt werden sollen (zum Beispiel fünf). In jeder neuen Runde sollte ein anderer Spieler anfangen.

Übrigens: Das Spiel wird umso schwieriger, je weniger Nüsse noch im Kreis liegen.

Aus der Bibel:
Jesus wird geboren

Eines Tages wollte Kaiser Augustus wissen, wie viele Leute in seinem Reich wohnten. So befahl er: „Alle Menschen müssen gezählt und aufgeschrieben werden.“

Jeder musste sich also in dem Ort melden, in dem er geboren war. Dort wurde sein Name in eine Liste eingetragen.

Auch Josef machte sich auf den Weg. Er zog von Nazaret nach Betlehem, in die Stadt des Königs David, denn von dort stammte er. Maria ging mit ihm. Der Fußmarsch fiel ihr Maria ging mit ihm. Der Fußmarsch fiel ihr nicht leicht, weil sie bald ihr Kind erwartete. Der Weg war sehr weit.

Als Maria und Josef in Betlehem ankamen, waren schon viele Menschen dort. Die Herberge aber war viel zu klein und konnte nicht alle aufnehmen.

Auch für Maria und Josef gab es keinen Platz mehr. Lange suchten sie, doch nirgends konnten sie übernachten. Schließlich fanden sie einen Stall, in dem sie bleiben konnten.

Dort kam der kleine Jesus zur Welt. Maria wickelte ihn in Windeln und legte ihn in eine Futterkrippe, die eigentlich für die Tiere bestimmt war.

Lukasevangelium 2,1–7;
Matthäusevangelium 1,18–25

Lied:

Stille Nacht, heilige Nacht

Stille Nacht, heilige Nacht!
Gottes Sohn, o wie lacht
Lieb aus deinem göttlichen Mund,
da uns schlägt die rettende Stund,
Christ, in deiner Geburt!
Christ, in deiner Geburt!

Stille Nacht, heilige Nacht!
Hirten erst kundgemacht!
Durch der Engel Halleluja
tönt es laut von fern und nah:
Christ, der Retter, ist da!
Christ, der Retter, ist da!

Text: Joseph Mohr (1818)
Melodie: Franz Gruber (1818)

Aus der Bibel:

Engel erscheinen den Hirten

In der Nähe des Stalles waren einige Hirten. Sie verbrachten die Nacht im Freien auf dem Feld, um auf ihre Schafe aufzupassen.

Plötzlich wurde es ganz hell – und das mitten in der Nacht! Da stand ein Engel Gottes vor den Hirten. Die Männer bekamen große Angst.

Der Engel aber sprach: „Fürchtet euch nicht, denn ich bringe euch eine gute Nachricht. Das ganze Volk wird sich darüber freuen! Heute ist in Betlehem der Retter geboren. Geht und sucht ihn! Ihr werdet ein Kind in einem Stall finden. Es ist in Windeln gewickelt und liegt in einer Krippe."

Und auf einmal waren noch viele andere Engel da. Sie lobten Gott und sangen: „Ehre sei Gott im Himmel, und auf Erden soll Friede unter den Menschen sein! Denn Gott hat sie lieb!"

Daraufhin verschwanden die Engel wieder. Die Hirten sagten sich: „Auf! Wir wollen nach Betlehem gehen und schauen, was geschehen ist!" Und sie liefen ganz schnell.

In Betlehem fanden sie Maria, Josef und das Kind, das in der Krippe lag. Die Hirten erzählten, was ihnen der Engel gesagt hatte. Maria wunderte sich über ihre Worte und überlegte, was sie bedeuten könnten.

Lukasevangelium 2,8–20

Sterndeuter aus dem Osten

Aus der Bibel:

Ein Stern führt weise Männer zu Jesus

Bald nachdem Jesus geboren war, kamen von weit her kluge und weise Männer nach Jerusalem. Sie waren Sterndeuter.

Die Männer fragten die Bewohner der großen Stadt: „Wo ist der neugeborene König der Juden? Wir haben seinen Stern aufgehen sehen und sind gekommen, um ihn anzubeten."

Als die Leute von Jerusalem das hörten, erschraken sie sehr. Besonders Herodes, der König von Jerusalem, erschrak. Er rief alle Hohenpriester und Schriftgelehrten des Volkes zu sich und fragte sie: „Wisst ihr, wo dieser neue König geboren ist?"

Die Hohenpriester und Schriftgelehrten wussten es. Sie sagten: „In Betlehem ist er geboren. So haben es schon die Propheten geschrieben."

Da schickte Herodes die Weisen nach Betlehem. Er sagte ihnen: „Geht und sucht das Kind! Wenn ihr es gefunden habt, kommt wieder zu mir! Lasst mich wissen, wo es ist! Dann kann auch ich hingehen und das Kind begrüßen und anbeten."

Matthäusevangelium 2,1–8

Aus der Bibel:

Die Weisen beschenken Jesus

Also machten sich die Weisen auf den Weg nach Betlehem. Der Stern, den sie entdeckt hatten, zog am Himmel vor ihnen her. Sie freuten sich, denn er zeigte ihnen den Weg. Dort, wo das Kind war, blieb der Stern stehen. Genau über dem Stall.

Die Weisen gingen in den Stall hinein. Sie sahen Maria, Josef und das Jesuskind. Der Anblick des kleinen Kindes machte sie sehr glücklich. Sie knieten sich vor ihm hin, beteten es an und schenkten ihm, was sie mitgebracht hatten: Gold, Weihrauch und Myrrhe. Myrrhe ist eine sehr wertvolle Salbe aus duftenden Kräutern.

In der Nacht träumten die Sterndeuter, dass es nicht gut sei, zu König Herodes zurückzukehren. Deshalb gingen sie auf einem anderen Weg in ihre Heimat zurück.

Matthäusevangelium 2,9–12

Brauchtum:

Sternsinger gehen von Haus zu Haus

In Erinnerung an die Sterndeuter ziehen in jedem Jahr die Sternsinger als „Heilige Drei Könige" durch die Kirchengemeinden. Die Jungen und Mädchen besuchen die Familien, aber auch alte, kranke und allein stehende Menschen. Sie singen Lieder und sagen Gedichte auf, die von der Geburt Jesu und dem Besuch der Sterndeuter an der Krippe erzählen.

Mit geweihter Kreide schreiben die Sternsinger über die Haus- und Wohnungstüren die drei Buchstaben C + M + B. Die Buchstaben sind eine Abkürzung für den lateinischen Segensspruch: „Christus mansionem benedicat", das heißt auf Deutsch: „Christus segne dieses Haus (diese Wohnung)!"

Bei ihren Besuchen in den Häusern bitten die Sternsinger die Leute um eine großzügige Geldspende. Dieses Geld ist für Kinder in der so genannten Dritten Welt bestimmt, die in Not sind und keine richtige Heimat haben.

In jedem Jahr sind über eine halbe Million Kinder als „Dreikönigssänger" unterwegs. Oft versammeln sich die Sternsinger aus einem bestimmten Gebiet in einer Pfarrkirche. Dort werden sie dann mit einem Gottesdienst als kleine Gruppen in ihre Gemeinden ausgesandt.

Manchmal lädt auch der Bischof die Gruppen in den Dom ein. Dann sind es manchmal mehr als tausend Kinder, die sich hier versammeln und dann als Sternsinger auf die Reise gehen.